W0171502

Kleine Portionen Romantik zum Einschlafen

GuteNacht Geschichten
voller Liebe

arsEdition

KLEINE PORTIONEN LIEBE –
WENN DIR DAS EINSCHLAFEN LEICHTER FÄLLT

GRÖSSERE PORTIONEN LIEBE –
WENN DIR DAS EINSCHLAFEN MAL SCHWERFÄLLT

EINATMEN.
AUSATMEN.
EINKUSCHELN.
EINSCHLAFEN.

Vielleicht fällt es dir schwer, am Abend abzuschalten und den Tag hinter dir zu lassen. Vielleicht möchtest du dich vor dem Schlafengehen ausschließlich mit schönen Gedanken beschäftigen. Vielleicht gehst du einfach nur gerne mit einem Buch ins Bett und kannst nur schwer aufhören zu lesen, wenn die Geschichten zu lang sind.

Was auch immer bei dir der Fall sein mag, diese Gutenachtlektüre mit kleinen Lesehäppchen kann dir helfen, leichter in den Schlaf zu finden. Das Buch widmet sich dem schönsten Gefühl der Welt, der Liebe! Lauter schöne Kurzgeschichten mit Happy End laden dich zum Schmökern und Wegträumen ein, schenken dir gute Gedanken und helfen so, Stress abzubauen. Kleine Entspannungsübungen und Einschlaftipps ergänzen die Geschichten und sollen dir bei Unruhe und Einschlafproblemen helfen. Mach es dir mit romantischen Geschichten gemütlich und gleite voller Leseglück sanft ins Reich der Träume.

VIER WORTE BIS ZU DIR

Mona Mour

Seit Christian den Job in Berlin angenommen hatte, führten er und Tilda eine Wochenendbeziehung. Meistens gelang ihnen der Spagat zwischen den beiden Welten, ihre Liebe war sogar intensiver geworden. Sie sprachen mehr, unternahmen viel und liebten sich inniger – einfach, weil jede Minute kostbar war.

Umso mehr ärgerte sich Tilda, als sie auf dem Weg zum Bahnhof den blöden Streit, mit dem sie die letzten Stunden ihrer kostbaren Zeit verschwendet hatten, erneut durchging. Am Sonntag gab es oft Streit. Beide waren dann traurig über den bevorstehenden Abschied, gleichzeitig gereizt, weil der Montag bevorstand. Eine banale Anekdote über Tildas neuen Kollegen hatte Christians Eifersucht aufflammen lassen, ein Wort gab das andere und sie hatten sich im Streit getrennt.

Niedergeschlagen zog Tilda nun ihren Trolley durch den vollen Bahnhof. Sie hatte Christian eigentlich fragen wollen, ob sie für den Sommer zusammen eine große Reise planen wollten. In ihrer Vorstellung war das ein romantischer Moment gewesen – ihr erster gemeinsamer Urlaub ganz weit weg vom Alltag mit all seinen Problemen – stattdessen hatten sie sich angeschrien.

Sie konnte ihn verstehen. Auch ihr machte die Liebe auf Distanz zu schaffen. Trotzdem war sie wütend auf ihn, dass er das Wochenende so hatte enden lassen. Trotzig wie ein kleines Kind versetzte sie ihrem Koffer einen kleinen Tritt – fühlte sich danach aber auch nicht besser.

Sie hatte noch viel Zeit, durch den Streit war sie viel zu früh aufgebrochen, aber der Zug stand schon am Gleis.

Da sie nicht wusste, was sie sonst tun sollte, stieg Tilda ein, ließ sich in den Sitz fallen und starrte traurig aus dem Fenster. Sie beobachtete das bunte Menschentreiben auf dem Bahnsteig. Hastig liefen die Leute hin und her, verabschiedeten sich tränenreich von der Familie und Freundinnen oder standen gelangweilt mit einer Zigarette in der Hand etwas abseits vom Geschehen. Da entdeckte sie in der Ferne einen großen Mann mit einem Schild in der Hand, der sich suchend umsah. Neugierig drückte sie ihre Nase ans Fenster, weil sie nichts erkennen konnte.

Da kam der Mann näher, und sie konnte lesen, was auf dem Schild stand: »Es tut mir leid. #ichbineinidiot«

Es war Christian und er lächelte sie schuldbewusst an. Tilda überlegte nicht, sondern stürmte aus dem Zug und auf Christian zu. Sie küssten sich, denn es war alles gesagt und ihre Herzen hatten lauter gesprochen als all ihre Worte.

FRÜHLINGSGEFÜHLE

Mona Mour

Der Winter war endlich überstanden. Die Tage wurden länger, die Sonne schien kräftiger, die Vögel sangen lauter und die Bäume blühten prächtiger. Wer schon einmal einen Frühlingstag in Paris erlebt hat, der weiß genau, wie sich Henri an diesem Samstag fühlte.

Die Sonne schenkte ihm neue Energie. Er war abenteuerlustig, albern und verliebt in den Frühling und das Leben. Mit einem Chanson auf den Lippen schlenderte er an der Seine entlang durch das historische Zentrum und beobachtete zufrieden, wie seine Stadt langsam aus dem Winterschlaf erwachte. Die Cafés und Straßen füllten sich wieder mit Leben, die Menschen lachten, küssten und unterhielten sich, als hätten sie sich monatelang nicht gesehen.

Henri liebte Paris und die Menschen hier. Am liebsten saß er an solchen Tagen stundenlang am Ufer der Seine, beobachtete die Leute, las in einem Buch oder blickte einfach nur verträumt in Richtung der erhabenen Silhouette von Notre-Dame. Ja, die Liebe zwischen ihm und Paris brauchte keinen zweiten Blick – sie war von Anfang an so fulminant gewesen wie ein Feuerwerk.

Bei Frauen hatte Henri bisher nicht so viel Glück gehabt. Er liebte sie und sie liebten ihn, aber auf den zweiten Blick war es dann nicht mehr so atemberaubend und Henri widmete sich stets schnell wieder seiner großen Liebe Paris. Aber an diesem Samstag im April wurde plötzlich alles anders ...

Henri saß auf seiner Lieblingsbank am Seineufer, als sie auf dem Fahrrad an ihm vorbeifuhr. Sie war hinreißend schön. Ihr langes Haar glitzerte in der Sonne und er verliebte sich schlagartig in diese vollkommen fremde Frau. Es war um ihn geschehen. Er musste nicht noch einmal hinsehen.

Er wusste einfach, dass diese Frau auf dem Fahrrad das Pendant zu seiner Liebe zu Paris war.

DIE WAHRE LIEBE BRAUCHT KEINEN ZWEITEN BLICK.

UNVERGESSEN

Mona Mour

Als er sie das erste Mal wiedergesehen hatte, war er sprachlos gewesen. Er hatte noch so viel von dem jungen Mädchen von damals an ihr entdecken können, dass er sich vorkam wie ein Zeitreisender. Die freundlichen, haselnussbraunen Augen, die nun von kleinen Falten umrandet wurden, hatten immer noch dasselbe Funkeln. Dieses entwaffnende, herzliche Lächeln, die anmutige Haltung, die schlanken Hände – die vielen Jahre schienen beinahe spurlos an Isabelle vorübergegangen zu sein.

Anders als an ihm. Er war alt geworden und ein wenig verbittert, vom Leben und der Liebe enttäuscht. Darum versteckte er sich auch jedes Mal hinter seiner Zeitung, obwohl er seit Wochen nur ihretwegen in dieses Café kam.

25 Jahre waren vergangen. Trotzdem hatte er sie sofort wiedererkannt. Nach Isabelle hatte er nie wieder eine Frau so tief in sein Herz blicken lassen – der Schmerz saß zu tief. Aber er hatte es damals einfach vermasselt ...

An einem verregneten Samstag saß er wieder einmal im Café und vertrieb sich die Zeit mit seiner Liste: eine Liste mit Gründen, warum er Isabelle nicht ansprechen sollte. Als er so seinen trüben Gedanken nachhing, fiel ihm ein Zitat wieder ein, das er einmal gelesen hatte:

Liebe ist, wenn Kämpfen leichter scheint als Aufgeben.

Dieser Satz änderte schlagartig alles. Offenbar hatte er nur einen kleinen Schubs vom Schicksal gebraucht, um seinen Stolz beiseitezuschieben und all seinen Mut zusammenzunehmen. Er ging zu Isabelles Tisch hinüber: »Hallo Isabelle.«

Sie hob den Kopf, sah ihm tief in die Augen und sagte: »Ich habe mich schon gefragt, wann du mich endlich ansprechen würdest, Frederick.« »Du hast mich erkannt, nach all den Jahren?«, fragte er ungläubig.

Sie schenkte ihm ein liebevolles Lächeln, nahm seine Hand und drückte sie leicht. »Natürlich. Das Herz vergisst nicht.«

MACH
DEIN HERZ
GANZ WEIT

Alte Glaubenssätze und Gedankenmuster, Vorurteile und kritisierende Aussagen tummeln sich viel zu oft in unserem Kopf herum. Yoga kann dir dabei helfen, negative Gedanken aus deinem Kopf zu verbannen, damit du abends leichter einschlafen kannst. Öffne dich mit dem heraufschauenden Hund dir selbst, deiner Kraft und der ganzen Welt. Mach dein Herz auf und schaffe so wieder genug Raum für die schönen Dinge im Leben – geh mit einem liebevollen Blick durch deinen Tag.

Begib dich nach ein paar achtsamen Atemzügen in Bauchlage auf eine Matte oder eine weiche Unterlage. Stelle für die Haltung des heraufschauenden Hundes die Hände unter deine Schultern und drücke den Oberkörper nach oben. Das Gewicht liegt nur auf deinen Händen und den Fußrücken. Rotiere mit den Oberarmen leicht nach außen, um deinen Brustkorb zu öffnen. Behalte die Länge im Nacken sowie die Spannung in Bauch und Rumpf und genieße diese Haltung ein paar Atemzüge lang.

»JEDER ATEMZUG LÄSST MICH ANKOMMEN UND DEN TAG MIT RUHE BESCHLIESSEN.«

Um am Abend besser abschalten und den Tag hinter dir lassen zu können, probiere eine kleine Atemmeditation im Liegen. So findest du später auch leichter in einen erholsamen und tiefen Schlaf.

Mach es dir liegend gemütlich, decke dich vielleicht sogar zu und lass mit drei tiefen Atemzügen alle körperliche Anspannung los. Lass die Füße entspannt nach außen kippen und lege eine Hand auf deinen Bauch, die andere auf dein Herz. Nimm den Atem wahr, wie er natürlich fließt. Spürst du ihn in Bauch- und Brustraum? Komm mit jedem Atemzug mehr und mehr zur Ruhe und wieder bei dir selbst an. Bleib so lange liegen, wie es sich für dich gut anfühlt. Bevor du die Augen wieder öffnest, bedanke dich bei dir selbst, dass du dir die Zeit für diese wohltuende Entspannung genommen hast.

WIE BRAUSEPULVER IM HERZEN   Mona Mour

Es war ein heißer, sonniger Tag und ihre fünfte Verabredung in nur zwei Wochen. Aber Sommerabende schreiben nun mal die schönsten Geschichten – darum wollten Dominik und Sabrina keine Zeit verlieren und hatten für diesen Abend schon wieder ein Date vereinbart. Sabrina hatte ein Picknick vorbereitet, mit lauter leckeren Überraschungen und Süßigkeiten aus ihrer beider Kindheit. Der erste Insiderwitz zwischen ihnen: Sie hatten beim letzten Mal über ihre Lieblingsnaschereien gescherzt. Sie hoffte, dass sie sich so an diesem Abend vielleicht ein bisschen näherkommen würden. Einen ersten Kuss hatte es nämlich noch nicht gegeben.

Nach Feierabend machte sich Sabrina mit dem Korb auf den Weg in den Park. Dominik saß schon am verabredeten Ort in der Sonne. Sie begrüßten sich etwas schüchtern, Sabrina breitete die Decke unter einem nahe gelegenen Baum aus und sie setzten sich. Beim Auspacken des Korbes mussten beide viel lachen: Die Süßigkeiten kamen gut an und Dominik wollte unbedingt die Brause probieren. Er hatte eine Flasche Sekt und zwei Gläser für sie dabei, und bevor Sabrina sich wehren konnte, hatte sie ein volles Glas und ein buntes Brausetütchen in der Hand. »Auf uns!«, sagte Dominik und prostete ihr zu. Auch an diesem Abend redeten und lachten sie viel, doch es lag noch etwas anderes in der Luft. Vielleicht lag es am lauen Sommerabend oder am Sekt, der ihm zu Kopf gestiegen war, aber mit einem Mal rutschte Dominik näher an Sabrina heran. Ihr Herz schlug Purzelbäume und sie hielt den Atem an. »Weißt du, das mit dir fühlt sich ein bisschen so an wie Brausepulver im Herzen«, sagte Dominik. Dann küsste er sie zum ersten Mal und auch Sabrina spürte das Prickeln und Kribbeln im ganzen Körper.

DER BESTE KUSS IST DER, DEN DU BEENDEN MUSST, WEIL DU EINFACH NICHT ANDERS KANNST, ALS ZU LÄCHELN.

Mona Mour

DIE ERSTE LIEBE VERGISST MAN NICHT

Was aus Liebe getan wird,
geschieht immer jenseits
von Gut und Böse.

Friedrich Nietzsche

Die erste große Liebe in ihrem Leben hatte Sara mit nur 23 Jahren verloren. Sie und Jana waren von klein auf unzertrennlich gewesen: Kindergarten, Schule, Pubertät, Abitur, Ausbildung – alles hatten sie gemeinsam durchgemacht. Dann hatte sich Jana verliebt und zwischen ihnen war plötzlich alles anders geworden. Denn: Sara hatte denselben Mann geliebt. Sie waren damals so jung und im Leben und der Liebe war alles noch neu und aufregend, sodass ihre Freundschaft dieses komplizierte Liebesdreieck nicht hatte überdauern können.

Zehn Jahre später stand Sara nun kurz davor, ihrer zweiten großen Liebe, Tobias, das Jawort zu geben. Sara war eine ungewöhnlich traurige Braut. Sie hätte sich auf die Hochzeit freuen sollen, aber alles, woran sie denken konnte, war ihre verlorene erste Liebe: ihre beste Freundin Jana. Mit ihr hätte sie dieses große Glück, den Mann fürs Leben gefunden zu haben, gerne geteilt. So, wie sie früher alles geteilt und gemeinsam durchgestanden hatten. Sara hatte es versucht, sie hatte Jana eine Einladung zur Hochzeit geschickt. Eine Antwort hatte sie nicht erhalten. Nachzufragen traute sie sich aber auch nicht – die beiden hatten schließlich zehn Jahre nicht miteinander gesprochen.

Als der große Tag gekommen war und Sara am Arm ihres Vaters die Kirche betrat, schlug ihr das Herz bis zum Hals. Sie schritt den Mittelgang entlang auf Tobias zu, der sie anstrahlte, und hatte nur noch Augen für ihn. Am Altar angekommen, drückte sie ihren Vater und drehte sich dann zu Tobias und den Trauzeuginnen um. Und da stand sie und lächelte: Jana. Saras erste große Liebe, direkt neben ihrer zweiten. Sie zwinkerte ihr zu, und Sara wusste, dass sie nun »Ja« zu Tobias sagen konnte.

Mona Mour

NICHT DENKEN,
NUR FÜHLEN!

Wenn du die Liebe deines Lebens
sehen willst – schau in den Spiegel.

Byron Katie

Yvonne und Oliver liebten einander, aber der Zauber des Anfangs war ihnen schon länger verloren gegangen. Wie das nun mal so ist, wenn man länger zusammen ist. Yvonne wusste das, sie war nicht naiv. Aber da war noch etwas anderes: Sie fühlte sich in der Beziehung zunehmend unsichtbar. Oliver war sehr bestimmend und kontrollierte sein Umfeld permanent. Am Anfang hatte sie diese Eigenschaft nicht gestört. Sie behielt selbst gerne die Kontrolle und wollte alles immer richtig machen.

Aber mit der Zeit merkte sie, dass Oliver auch sie und ihre Beziehung kontrollierte. Sie verlor sich mehr und mehr im Strudel seiner Bedürfnisse und Wünsche, und eines Morgens, als sie in den Spiegel blickte, war von der Yvonne, die sie mal gewesen war, nicht mehr viel übrig.

Sie musste etwas tun. Endlich wieder handeln und nicht immer nur reagieren. Entschlossen nahm sie den Koffer vom Schrank und fing an, ihre Sachen zu packen. Sie war schneller fertig als gedacht. Bevor sie Angst vor ihrer eigenen Courage bekam, ging sie zügig ins Wohnzimmer, den Koffer in der Hand. Er saß vor dem Fernseher. Mit kräftiger Stimme sagte sie: »Oliver, ich möchte diese Beziehung nicht mehr. Ich ziehe aus.« Dann drehte sie sich um und verließ einfach die Wohnung. Ohne sich anzuhören, was er zu sagen hatte: Sie wollte wieder Verantwortung für ihr Glück übernehmen und würde sich von ihm nicht daran hindern lassen. Sie drückte den Knopf für den Fahrstuhl, er kam sofort. Die Türen glitten auf und Yvonne hinein. Die Türen schlossen sich, und endlich hatte sie wieder das Gefühl, frei atmen zu können. Sie schaute in den Spiegel, lächelte sich aufmunternd zu und dachte: Am schönsten ist es, sich selbst genug zu sein.

LASS LOS!

Vielleicht kannst du manchmal nicht einschlafen, weil sich deine Gedanken im Kreis drehen. Möglicherweise lässt dich ein Gespräch nicht los, das du tagsüber geführt hast, vielleicht reist du gedanklich auch noch weiter zurück und beschäftigst dich mit einem Streit, der schon Wochen zurückliegt, oder du machst dir Vorwürfe wegen eines Fehlers, den du vor Monaten gemacht hast.

Wenn du so daliegst und deine Gedanken rasen, dann steig einfach aus dem Karussell aus: Atme ganz bewusst tief in den Bauch ein und wieder aus – dreimal hintereinander. Sobald du dich mit deiner Atmung wieder in den Moment geholt hast, sag dir diesen Satz laut vor: »Ich kann die Vergangenheit nicht ändern.«

Was du aber ändern kannst, ist deine Gegenwart und deine Zukunft. Dazu solltest du dich mit deiner Vergangenheit aussöhnen und den Blick nach vorne richten. Die Hawaiianer haben hierfür ein wunderschönes Ritual, sie nennen es »Ho'oponopono«.

Man schließt die Augen, legt die Hände aufs Herz und entschuldigt sich aufrichtig bei sich selbst oder in Gedanken bei einem anderen lieben Menschen. Dann bittet man um Verzeihung, äußert seine Liebe und bedankt sich anschließend.

Mit diesem wunderschönen Ritual schenkst du deinem Vergangenheits-Ich eine große Portion Wertschätzung, und es hilft dir, Altes auf liebevolle Weise loszulassen. Vielleicht hilft es dir sogar dabei einzuschlafen.

WER
WERDEN WILL,
WAS ER
SEIN SOLLTE,
DER MUSS LASSEN,
WAS ER
JETZT IST.

Meister Eckhart

Mona Mour

HERZKLOPFMOMENTE

Als ich dich sah, verliebte ich mich,
und du hast gelächelt,
weil du es wusstest.

William Shakespeare

Nach einer unschönen Trennung und einigen wenigen, aber erfolglosen Versuchen, eine neue Liebe zu finden, hatte Frida schon beinahe die Hoffnung aufgegeben. Sie war Mitte 30, ehrgeizig und attraktiv, aber trotz ihrer Lebens- und Beziehungserfahrung ging sie nach vier Jahren wieder allein durchs Leben. Noch wollte sie der Liebe aber nicht abschwören, darum hatte sie einem unverbindlichen Treffen im spätsommerlichen Park zugesagt.

Er wollte sie nach der Arbeit treffen. Frida versuchte, nicht allzu große Hoffnungen in dieses Date zu setzen – zu oft schon hatte man sie in letzter Minute versetzt.

Der Arbeitstag zog sich in die Länge. Immerzu blickte sie nervös zur Uhr oder auf ihr Handy.

Keine Nachricht von ihm – eigentlich eine gute Nachricht. Dann endlich, nach einem endlos langen Tag voller Gefühlschaos, machte sie sich mit feuchten Händen und klopfendem Herzen auf den Weg zum Treffpunkt. Da meldete sich ihr Handy mit einer neuen Nachricht, von ihm.

Wollte er ihr etwa in letzter Minute absagen? Frida hielt die Luft an und öffnete die Nachricht:

»Freu mich auf dich.«

Frida atmete erleichtert auf. Diese vier Worte ließen ihr Herz höher schlagen, als sie sich eingestehen wollte, und wie auf Watte nahm sie die Stufen hinauf zum U-Bahn-Ausgang. Sie blinzelte in die untergehende Sonne, und dann sah sie ihn, an einem Brunnen wartend. Er war groß, gut aussehend und hatte ein freundliches Gesicht. Aus der Ferne schenkte er ihr ein warmherziges Lächeln, wie um sie zu ermutigen weiterzugehen. Frida errötete. Ein wenig schüchtern erwiderte sie sein Lächeln, und mit einem Mal glaubte sie wieder daran, dass Liebe vielleicht doch möglich war.

PLÖTZLICH IST ALLES ANDERS

Mona Mour

Seit vier Jahren teilten sie nun schon ihren Alltag miteinander. Und plötzlich war alles anders. Zumindest für Julia. Sie fand, dass sich etwas in ihrer Beziehung verändert hatte.

Ramona wirkte neuerdings etwas angespannt und war auf einmal immer sehr beschäftigt. Sie kam immer spät nach Hause und hatte dann komische Erklärungen dafür oder sie verkroch sich stundenlang in ihrem gemeinsamen Arbeitszimmer. Wenn Ramona dann endlich zu Julia ins Bett schlüpfte, schlief sie meistens schon. Julia fiel auch auf, dass Ramona ihr Handy kaum noch aus den Augen ließ. Einmal lag es unbeobachtet herum, und Julia spielte kurz mit dem Gedanken, einen Blick hineinzuwerfen. Sie ließ es dann aber bleiben. Sie vertraute ihrer Freundin und wollte dieses Vertrauen nicht aufs Spiel setzen, nur weil sie fand, dass sich diese komisch verhielt. Dieses Verhalten konnte tausend Gründe haben, die nichts mit ihr zu tun hatten. Aber das ungute Gefühl und die leisen Zweifel blieben. Lag es an ihr? War Ramona das gemeinsame Leben zu langweilig geworden? Hatte sie eine andere Frau kennengelernt?

Julia wollte die Wahrheit lieber nicht wissen und beschloss, dass es das Beste sei, das alles einfach zu ignorieren. Und so vergingen einige merkwürdige Wochen. Eines Abends kam sie erschöpft aus dem Büro und wollte nur noch nach Hause. Da klingelte ihr Handy. Sie kramte in ihrer Jackentasche nach dem Telefon, blickte entnervt aufs Display und nahm das Gespräch schließlich doch an. Es war ihr Kumpel Denis, der sie unbedingt noch sehen und keine müden Ausreden gelten lassen wollte. Also machte sich Julia auf den Weg zu ihm.

Als sie nach der anstrengenden Autofahrt durch den Feierabendverkehr vor dem Haus ihres Freundes stand, stellte sie fest, dass bei Denis kein Licht brannte. Merkwürdig. Sie drückte trotzdem die Klingel, die Tür surrte und sie betrat den dunklen Hausflur. Kein Licht. Der Lichtschalter reagierte einfach nicht. Julia fluchte, weil sie nun die fünf Treppen im Dunkeln hinaufsteigen musste. Aber beinah oben angekommen, verschlug es ihr auf dem letzten Treppenabsatz die Sprache: Die Wohnungstür von Denis stand offen und lauter Teelichter leuchteten ihr den Weg in die Wohnung. Sie folgte ihnen ins hell erleuchtete Wohnzimmer. Dort angekommen, musste sie erst einmal tief Luft holen, um sich zu sammeln. Alle ihre Freundinnen und Bekannten waren da und strahlten sie an, und in der Mitte des Raumes, in einem Meer aus Kerzen, kniete ihre Ramona. Sie blickte ihr mit ihren wunderschönen Augen direkt in die Seele, und mit leiser, vor Aufregung bebender Stimme sagte sie:

»Julia, willst du mich heiraten?«

AUF SCHMETTERLINGE WAR SIE NICHT VORBEREITET

Mona Mour

Amelie war die Art Mensch, die immer auf alles vorbereitet war – sogar auf das, was bei ihren Plänen schiefgehen konnte. Das Leben mit all seinen Herausforderungen schien sie, von außen betrachtet, mit einer großen Portion Leichtigkeit, Humor und Pragmatismus zu meistern. Sie hatte immer alles im Griff, sogar – oder vielleicht am meisten – sich selbst. Es war ein kühler, aber sonniger Frühlingsmorgen. Perfekt für Amelies samstägliche Joggingrunde. In der Redaktion war gerade viel zu tun und sie wollte sich den Stress der letzten Tage von der Seele laufen. Es war noch früh, und so schlüpfte sie verschlafen in ihre warme Laufhose und einen Pulli, band sich die Schuhe, griff nach Handy und Schlüssel und verließ die Wohnung. Die kalte Luft im Park weckte ihre Lebensgeister und vertrieb die Sorgen der vergangenen Woche im Nu. Sie lief und lief, bis sie nicht mehr konnte, und weil sie immer bis an ihre Grenzen ging, sogar noch ein Stückchen weiter. Als sie gerade über eine kleine Pause nachdachte und einen Blick auf ihr Handy warf, um ihren Puls zu checken, blieb sie mit dem Fuß an einer Wurzel hängen und knickte unglücklich um. Sie schrie vor Schmerz laut auf und ließ sich instinktiv fallen.

Verzweifelt saß sie auf dem Boden und schaute zu ihrem schmerzenden Fuß. Was nun?

Sie saß hier, mitten auf dem kalten Boden, verletzt, viel zu weit weg von zu Hause, ohne Geld, Ausweis oder eine Krankenversicherungskarte. Wie hatte ihr das nur passieren können? Am liebsten wollte sie vor Wut schreien. Doch das hätte sie auch nicht weitergebracht. Als sie gerade aufstehen und loshumpeln wollte, kam Timo vorbeigelaufen – ihr immer etwas planlos wirkender Nachbar von gegenüber.

»Kann ich dir helfen, Amelie? Bist du verletzt?«

»Danke, es wird schon gehen.« Sie trat vorsichtig auf und verzog sofort das Gesicht.

»Ich seh doch, dass du Schmerzen hast. Ich bring dich nach Hause.«

Amelie protestierte zuerst und wehrte sich gegen seine Hilfe, aber nach einigen Schritten musste sie sich eingestehen, dass sie es allein nicht schaffen würde.

»Okay. Aber wie willst du das anstellen? Du hast ja vermutlich auch nichts bei dir außer einem Hausschlüssel, oder?«

»Improvisieren eben«, sagte Timo und hob sie einfach hoch.

Dann trug er sie den ganzen Weg nach Hause und sie unterhielten sich dabei, scherzten und lachten miteinander. Und als er sie vor der Tür absetzte, musste sich Amelie eingestehen, dass es manchmal schöner war, unvorbereitet zu sein. So hatte sie zwar einen verletzten Fuß, aber ihr Herz fing gerade an zu heilen.

GEH MIT LIEBEVOLLEM BLICK

DURCH DEINE WELT

Kennst du das buddhistische Konzept von »Metta«? Es beschreibt den Zustand bedingungsloser Liebe gegenüber allen Lebewesen und bildet die Basis für Meditationen im Buddhismus. Diese Herzensgüte und dieses Wohlwollen solltest du nicht nur dir selbst, sondern auch anderen Menschen, Tieren und der ganzen belebten Natur entgegenbringen. Einen liebevollen Blick auf die Welt kannst du mit einer Meditation aktiv üben und mit dem wohlig warmen Gefühl der allumfassenden Liebe kannst du am Abend sicher wunderbar einschlafen.

Suche dir für deine Meditation einen Ort, an dem du dich wohl und geborgen fühlst, und mach es dir richtig gemütlich. Vielleicht möchtest du eine Kerze anzünden oder ein Räucherstäbchen – schau einfach, was du jetzt gerade brauchst, um dich wohlzufühlen.

Dann setz dich aufrecht hin und stell dir vor deinem inneren Auge jemanden vor, den du besonders liebst: deinen Lieblingsmenschen, deine Eltern, dein Kind oder dein Haustier. Lass das Gefühl der Liebe in dir leuchten und wachsen, spüre, wie es dich durchströmt und jede Zelle deines Körpers erfüllt, genieße die Wärme und Geborgenheit. Schenke dir selbst und der Person, an die du denkst, ein ehrliches Lächeln und öffne wieder die Augen. Nimm dieses Leuchten und das Gefühl der Liebe mit in deinen Schlaf und in deinen Alltag.

MAN MUSS
WÄHLEN
ZWISCHEN
HERZ UND
VERNUNFT.
ICH GEHORCHE
DEM HERZEN.

Eleonora Duse

Mona Mour

WIE EIN WEIHNACHTSWUNDER

Ein Herz, das liebt,
kann auch verzeihen.

Im Radio lief »Driving Home for Christmas«. Rosa saß mit einer Tasse Tee am Fenster und blickte in den kalten, grauen Himmel. Wieder war ein Jahr einfach an ihr vorübergezogen, als wäre nichts gewesen. Wieder waren zwölf Monate der Einsamkeit vergangen, wieder war es Dezember und wieder würde sie Weihnachten allein verbringen müssen. Sie verlor sich in ihren düsteren Gedanken und Erinnerungen. Dieser schreckliche Anruf damals. Der Unfall und der plötzliche Tod ihres Mannes. Das war nicht nur für sie ein Schock gewesen. Auch ihre erwachsene Tochter Verena war aus allen Wolken gefallen, als sie von dem Unglück erfahren hatte. Seit der Beerdigung ihres geliebten Mannes hatte Rosa nichts mehr von Verena gehört. Sie hatte damals gesagt, sie müsse erst mal ihr Leben neu ordnen. Das alles lag nun auf den Tag genau vier Jahre zurück, und so war diese besondere Jahreszeit für Rosa noch schwieriger als für andere Alleinstehende. Die Tage krochen dahin. Rosa öffnete ein Türchen nach dem anderen an ihrem Adventskalender, und eh sie sich's versah, war auch schon Heiligabend.

Traditionell gab es an diesem für Rosa besonders traurigen und einsamen Tag das Lieblingsgericht ihres verstorbenen Mannes. Nach dem Essen zündete sie dann immer eine Kerze für ihn an. Als sie gerade den kleinen Tisch für sich gedeckt hatte, klingelte es an der Tür. Rosa wunderte sich über diese Besuchszeit, öffnete aber trotzdem. Schließlich konnte es ein Notfall sein. Aber es war kein Notfall. Sondern ein kleines Wunder: »Frohe Weihnachten, Mama!« Es war ihre Tochter Verena, die da betreten im Hausflur stand, in der Hand eine weiße Kerze. Rosa überlegte nicht lange, sondern schloss sie fest in die Arme und flüsterte: »Ich wusste, dass du Weihnachten irgendwann den Weg nach Hause finden würdest.«

INS HERZ GESCHAUT

Blanca Filippi

Der Abend verlief nicht ganz wie erwartet. Ruben hatte Lisa gebeten, für ihn zum Elternabend zu gehen. Aber sie hatte ihm diese Bitte mit dem Hinweis abgeschlagen, dass sie doch vereinbart hatten, sich die nervigen Termine der Kinder gerecht zu teilen. Und schließlich sei sie ja schon letzte Woche allein beim Klaviervorspiel von Maja gewesen, und überhaupt habe sie keine Lust, eine von den Muttis zu sein, die ihre Männer mit solchen Terminen schonen. »Andere Kinder haben auch nette Eltern«, hatte sie ihm noch zugerufen, als er eilig die Jacke überzog und in die Turnschuhe schlüpfte. »Viel Spaß!«

Leicht verärgert war er in den dämmrigen Abend hinausgelaufen. Lisa war in ihrer angestrengten Unspießigkeit oft so viel pedantischer als andere Mütter, auf die Lisa so gern herabschaute. Aber waren die nicht einfach nur entspannter? Viel Zeit zum Nachdenken blieb ihm nicht, denn die Schule war nur einen Katzensprung von ihrer Wohnung entfernt.

Im Klassenzimmer der 2 a herrschte diese ganz besondere Elternabendatmosphäre. Irgendwie unwirklich, wie zwanzig Eltern auf Kinderstühlen hockten, etwas angestrengt lächelnd vor sich hin schauten oder sich leise unterhielten, um sie herum bunte Basteleien und ein Geruchsgemisch aus Tafelkreide und frisch gewienertem Linoleum. Ruben setzte sich auf den letzten freien Platz. Ob das Pauls Pult war? Die Kritzeleien auf der Tischfläche erinnerten ihn an seinen etwas verträumten Jungen, der lieber über irgendwelche Powerroboter-Figuren philosophierte, als in der Schule wirklich aufzupassen.

Mit dem üblichen wohlwollenden Singsang der Lehrerin begann die Besprechung und Rubens Gedanken fingen an abzuschweifen. Wie gut er Paul verstehen konnte – der Junge hatte wohl seine eigene Strategie übernommen, sich einfach wegzuträumen. Ruben hatte diese Angewohnheit im Laufe der Jahre perfektioniert. Er konnte so tun, als wäre er voll dabei, in Wirklichkeit war er aber in Gedanken ganz woanders. Ein heimliches Lieblingsspiel von ihm war es, sich die Gesichter seiner Gegenüber genau anzusehen. Zu beobachten, wie sie reagierten, die Mimik, die Stimmlage – einfach alles. Er starrte nicht, er machte es geschickt, darin war er wirklich gut. Manchmal hatte er sogar das Gefühl, er könne die Gedanken der anderen lesen, wissen, wie ihre Wohnungen aussahen, was sie gern aßen oder lasen. Er blickte über die Mütter und Väter, die er von seinem Platz aus unauffällig beobachten konnte. Fast erschrak er, als ein Paar warmer, brauner Augen seinen Blick auffing und ihn offenherzig anschaute. Ruben fühlte sich ertappt. Er wurde ein bisschen rot. Das war ihm noch nie passiert. Ein leises Lächeln huschte über das Gesicht seines Gegenübers. Ruben schaute zurück. Wie gut, dass er auf einem Stuhl saß, denn irgendetwas hatte ihm soeben den Boden unter seinen Füßen weggezogen. Aber es war nicht unangenehm, er fühlte sich fast … erkannt. In seinem Inneren kribbelte es plötzlich. Hatte er etwa Schmetterlinge im Bauch? Ein Gefühl, das er bei Lisa schon lange vermisste. Ruben war sensibel genug, um zu erkennen: Die braunen Augen dieses netten Vaters, der vorne links an dem Schultisch saß, hatten ihm direkt ins Herz geschaut. Und es ihm tatsächlich angetan.

PLÖTZLICH WIEDER LICHT

Frida Marquardt

Mürrisch und mit schweren Schritten ging er an diesem sonnigen, warmen Montagabend durch die lauten und überfüllten Straßen Londons. Überall herrschte geschäftiges Treiben und Vorfreude auf den Sommer. Die Leute drängten sich gut gelaunt auf den Gehwegen in Richtung Pub oder Park. Restaurantbesitzerinnen stellten draußen in der Abendsonne ihre Tische auf, und überall war laute Musik zu hören, die die Menschen zum Feierabendbier und zum Verweilen einladen sollte. Die Stadt und die Menschen waren voller Energie und Lebensfreude, nur Alexander war wieder einmal schlecht gelaunt. Seit er seine Freundin Lara in flagranti mit seinem Bruder ertappt hatte, war er meistens schlecht gelaunt. Das war vor zwei Jahren gewesen. Seitdem hatte Alexander nur selten aufrichtig gelächelt oder sich ehrlich gefreut – da machte er auch für den Sommer keine Ausnahme. In ihm drin sah es düster aus, und auch der sonnigste aller Sommerabende schaffte es nicht, ein bisschen Licht in dieses Dunkel zu bringen. Mit Musik in den Ohren und den Blick aufs Handy gerichtet, schlängelte er sich genervt an den vielen Menschen vorbei und wollte gerade die Straßenseite wechseln. Das Fahrrad, das von rechts kam, sah er nicht, die lauten Rufe der Leute überhörte er und so wurde er von den Füßen gerissen. Unsanft schlug er mit dem Kopf auf dem Boden auf.

Als Alexander die Augen wieder aufschlug, dröhnte sein Kopf. Benommen versuchte er, sich zu orientieren. Er kannte diesen kargen, weißen Raum nicht, aber der Geruch nach Desinfektionsmittel verriet ihm, dass er sich im Krankenhaus befand.

Wie war er nur hier gelandet? Alexander konnte sich nicht erinnern. Da fiel sein Blick auf die schlafende Frau an seinem Bett, die, wie er gerade erst bemerkte, seine Hand festhielt. Er bewegte sich vorsichtig, um sie nicht zu wecken.

Doch sie schlug im Nu die Augen auf und plapperte nervös drauflos: »Geht es Ihnen gut? Kann ich Ihnen etwas bringen? Oh, es tut mir so leid, dass ich Sie angefahren habe. Ich habe Sie nicht rechtzeitig gesehen und die Bremsen an meinem Fahrrad müssten auch mal wieder überprüft werden. Ich sage Ihnen, das haben die in der Werkstatt vermurkst. Aber wie fühlen Sie sich? Soll ich eine Schwester rufen?«

Die Worte sprudelten nur so aus ihr heraus. In Alexander regte sich Abneigung, und das nicht nur, weil sie ihn offenbar angefahren hatte. Was für eine Frau konnte buchstäblich aus dem Schlaf heraus so viel und so schnell reden? Er verstand das nicht, er war kein Mann vieler Worte. Meistens jedenfalls. Gerade als er anfangen wollte, sich lautstark über die unzumutbaren Umstände im Krankenhaus und die große Ungerechtigkeit im Allgemeinen zu beklagen, sah er die Frau zum ersten Mal richtig an. Sie hatte große, smaragdgrüne Augen, und als sie ihn schüchtern anlächelte, wurde ihm ganz warm ums Herz. Und plötzlich hatte Alexander das Gefühl, alle Erfahrungen, die er in seinem Leben gemacht hatte, könnten für ihn gewesen sein, nicht gegen ihn. Auf einmal wurde es wieder hell um ihn herum und er lächelte zurück.

PUNKT. PUNKT. PUNKT. – VERLIEBT! Frida Marquardt

Sie hatten sich über eine Dating-App kennengelernt und waren sich auf den ersten Satz sympathisch. Andreas hatte Laura mit seiner Schlagfertigkeit ziemlich beeindruckt – er war intelligent, humorvoll und charmant. Irgendwie so ganz anders als die anderen jungen Männer, mit denen sie zuvor geschrieben oder sich gar mal verabredet hatte. Mit Andreas schien sie einfach auf einer Wellenlänge zu sein. Er wusste ganz genau, wie er sie zum Lächeln oder zum Nachdenken bringen konnte, er stellte die richtigen Fragen, traf den richtigen Ton, ließ sich nicht endlos Zeit für eine Antwort und schien irgendwie zu ahnen, wann Laura auf eine Nachricht von ihm brannte. So vergingen nur ein paar Tage, in denen sie fast pausenlos miteinander schrieben, bevor sie beschlossen, sich einfach mal zu verabreden.

Laura war auf dem Weg zum verabredeten Treffpunkt. Stunden zuvor noch war sie voller Vorfreude singend und tanzend durch ihren Tag geschwebt, wie auf einer Wolke, und plötzlich schien es, als wäre sie unsanft auf dem Boden der Tatsachen gelandet. Sie war nervös und schien mit jedem Schritt näher auf Andreas zu unsicherer zu werden.

Hatte sie zu viel in diese Schreiberei hineininterpretiert? Sie hatte das Gefühl, diesen Menschen schon ewig zu kennen – dabei waren es gerade mal zehn Tage. Vielleicht empfand er gar nicht dasselbe wie sie? Sie hatte sich Herz über Kopf in diesen Flirt gestürzt und dabei gar nicht bemerkt, wie wichtig ihr Andreas bereits geworden war. Was, wenn er gar nicht auftauchen würde? Was, wenn er den zugegeben etwas hohen Erwartungen, die sie durch die Schreiberei mit ihm an ihn hatte, nicht gerecht werden konnte?

Es schien, als würde sich ihr Kopf nun zu dem, was ihr Herz bereits entschieden hatte, doch noch zu Wort melden wollen. Laura schüttelte sich, als ob sie damit alle Bedenken vertreiben könnte.

Dann sah sie ihn in der Ferne warten. Andreas stand vor einem netten kleinen italienischen Restaurant und lächelte sie an. Sie ging mutigen Schrittes weiter auf ihn zu, und als sie voreinanderstanden und sich schüchtern begrüßten, wurde Laura bewusst, dass er mindestens so aufgeregt war wie sie. Sie sah sein warmherziges Lächeln, blickte in seine sanften braunen Augen, und plötzlich war es wieder da: das wilde Herzklopfen der letzten Tage und ein zartes Kribbeln im Bauch. Scheinbar hatte ihr Kopfschütteln geholfen, denn Lauras Herz hatte wieder die Oberhand gewonnen und begann, eine neue Liebesgeschichte zu schreiben.

WUNSCHZETTEL ZUM GLÜCK Frida Marquardt

Karla konnte noch nicht richtig lesen und schreiben, trotzdem wollte sie den Weihnachtswunschzettel in diesem Jahr ohne die Hilfe ihrer Mutter schreiben.

»Mama, ich bin fast sechs Jahre alt. Ich schaff das schon.«

Dann tat sie sehr geheimnisvoll und schloss die Kinderzimmertür. Als Karla endlich schlief, schlich sich Melanie in das Zimmer ihrer Tochter und zu dem kleinen Tisch unter dem Fenster. Dort stand ein Teller mit Keksen, daneben lag der Wunschzettel:

»LiEbEs Krisstkind. BittE mach das MAMi ainEn NEUEN PApA für uns findEd.«

Melanie hatte schon befürchtet, dass sie denselben Wunsch haben würde wie die letzten zwei Jahre. Aber leider würde ihn dieser Wunsch auch nicht wieder zurückbringen. Melanie schluchzte laut-los, unterdrückte eine Träne, nahm den Brief sowie einen Keks und verließ das Zimmer.

Die Vorweihnachtszeit verging wie im Flug. Immer mehr Türchen am Adventskalender waren geöffnet, und plötzlich waren es nur noch wenige Tage bis Heiligabend. Da Melanie ihrer Tochter einen Besuch auf dem Weihnachtsmarkt versprochen, ihn aber immer wieder verschoben hatte, musste sie sich nun, am letzten Sams-tag vor Weihnachten, mit all den anderen Eltern vor dem bunten Karussell auf dem kleinen Marktplatz in der Kälte tummeln.

In den Händen hielt sie einen angebissenen Liebesapfel, eine Tüte Maroni, einen kleinen Kinderrucksack und eine Tasse mit kaltem Glühwein. Melanie schwirrte der Kopf. Sie wusste nicht, ob es am sich drehenden Karussell, an der Musik, dem Kindergeschrei oder dem Glühwein lag. Sie wusste nur, dass es schon dunkel war, sie schrecklich fror und langsam die Lust verlor. Aber Karla wirkte so glücklich. Sie wollte nicht die Spielverderberin sein, also beschloss sie, sich noch etwas zu trinken zu holen. Melanie war kaum zwei Schritte gegangen, als jemand sie heftig anrempelte und sie, vollbepackt mit Sachen, beinahe das Gleichgewicht verlor. Als sie sich umdrehen und wütend losschimpfen wollte, blickte sie in die schönsten grünen Augen, die sie je gesehen hatte. Diese Augen gehörten zu einem atemberaubend gut aussehenden Mann, der ebenfalls die Hände mit Kindersachen voll hatte und Melanie entschuldigend anlächelte. Und zum ersten Mal seit langer Zeit hatte Melanie beim Anblick eines Mannes wieder Schmetterlinge im Bauch. Die Welt war plötzlich wie verzaubert: Es begann zu schneien, die Lichter um sie herum funkelten und es lag ein geheimnisvolles Knistern in der Luft. Da fiel ihr der Wunschzettel wieder ein und sie musste lächeln. Vielleicht würde Karlas Weihnachtswunsch doch noch in Erfüllung gehen.

HALTE DEIN GLÜCK FEST

Um abends leichter einschlafen zu können, kann es dir helfen, dir lauter positive Dinge in Erinnerung zu rufen, die du tagsüber erlebt hast.

Wenn dir das am Anfang schwerfällt, was ganz normal ist, dann kannst du das mit einem kleinen Ritual vor dem Zubettgehen üben. Überlege dir jeden Abend mindestens eine Sache, die dich glücklich gemacht hat, und schreibe sie für dich auf. Sammle schöne Erinnerungen in einem Glücksmomente-Glas oder einem Tagebuch. So machst du dir beim Aufschreiben all die schönen Dinge in deinem Leben noch einmal ganz bewusst, und du hast jederzeit ein paar glückliche Gedanken parat, die dir vielleicht an einem anderen Abend dabei helfen, zufrieden einzuschlafen. Beschäftige dich in deinem Inneren mehr und mehr mit schönen Gedanken, damit auch im Außen schöne Dinge passieren!

LASS DEINER FANTASIE FREIEN LAUF

Hast du schon deine persönliche Abendroutine gefunden? Wenn du noch auf der Suche nach Inspiration für deine Routine bist, dann probiere doch für einen entspannten Ausklang am Abend mal eine Fantasiereise aus!

Suche dir ein gemütliches Plätzchen, setz dich bequem und aufrecht hin, schließe die Augen und komm mit drei tiefen Atemzügen erst einmal im Moment an. Dann träume dich an deinen Lieblingsort in der Natur und stell dir einen Sonnenuntergang dort vor, die Farben, den Geruch, die friedliche Stille. Beobachte die leuchtende Sonne und das Farbenspiel am Himmel, spüre die Wärme der letzten Sonnenstrahlen auf deiner Haut, lächle dem vergangenen Tag freudig und voller Dankbarkeit zu und vertraue darauf, dass du gut einschlafen kannst. Atme noch einmal tief ein und aus und öffne dann wieder deine Augen, wenn du bereit dazu bist.

Mona Mour

DIE LIEBE
LIEBT WUNDER.

Du gehst mir einfach nicht
aus dem Kopf. Aber noch viel
weniger aus dem Herzen.

Teresa und Ben waren schon lange befreundet. Sie kannten sich seit dem ersten Vorlesungstag und waren das ganze Studium über unzertrennlich gewesen. Nach der Uni hatte sich das geändert – jeder der beiden hatte plötzlich einen festen Job und viele Verpflichtungen. Trotzdem versuchten sie, einander so oft wie möglich zu sehen, um weiter am Leben des jeweils anderen teilzuhaben ...

Teresa winkte noch einmal zum Abschied, schloss die Wohnungstür, atmete tief durch und ließ sich dann an der Tür hinab auf den Boden sinken. Ben hatte sie gerade wieder einmal einer neuen Freundin vorgestellt. Das kam ziemlich oft vor. So oft, dass Teresa sich manchmal gar nicht die Mühe machte, sich die Namen der Frauen zu merken. Es schien fast so, als könne Ben sich nicht entscheiden. Teresa fand diese Treffen mit den wechselnden Freundinnen immer anstrengend: Sie musste lächeln und nett sein und Fragen stellen. Ben wollte danach dann immer ihre Meinung hören und sie wollte ihm nicht die Wahrheit sagen. Ihr Handy summte und so erhob sie sich schwerfällig. Bens Name leuchtete auf dem Display. Tja, auch diesmal spielten sie dieses Spiel. »Und, was sagst du?« Sie wusste nicht, was sie zurückschreiben sollte. Sie mochte auch diese Frau nicht. Sie passte nicht zu ihm – zu ihrem Ben.

Teresa seufzte schwer. Wann war aus dieser Freundschaft eigentlich Liebe geworden?

Sie erinnerte sich nicht. Sie wusste nur, dass sie Ben liebte und deshalb keine seiner Frauen jemals gut genug finden würde. Sie beschloss, ihn anzulügen. »Sie ist toll. Daumen hoch!«, tippte sie. Dann legte sie das Handy weg, warf sich aufs Bett und vergrub ihr Gesicht in den Kissen.

Ein paar Wochen waren vergangen, und Teresa war nach Hause zu ihren Eltern gefahren, um ihren Geburtstag mit der Familie zu feiern. Wie immer, wenn sie zu Hause war, hatte sie ein bisschen zu viel Wein getrunken und wurde auf einmal ganz rührselig. In Gedanken war sie die ganze Zeit bei Ben gewesen und in ihrem Herzen stritten zwei Wünsche. Einerseits wollte sie einfach nur, dass er glücklich war. Andererseits wollte sie auch glücklich sein – mit ihm. Während sie hin- und hergerissen war, fiel ihr ein, dass auch Ben dieses Wochenende zu Hause verbringen würde, seine Eltern wohnten ganz in der Nähe.

Sie überlegte nicht lange. Sie nahm noch einen großen Schluck Wein, stand auf, zog sich an und verließ ohne ein Wort das Haus.

Die frische Luft minderte die Wirkung des Alkohols, und während sie durch die ruhigen Straßen der Kleinstadt lief, versuchte Teresa, die richtigen Worte zu finden. Als sie vor dem Haus von Bens Eltern stand, wusste sie immer noch nicht, was sie sagen sollte, und das Herz schlug ihr bis zum Hals. Ben öffnete ihr die Tür:

»Teresa, was für eine schöne Überraschung! Ich dachte, du feierst mit deiner Familie deinen Geburtstag?«

Er wirkte verwirrt, aber ehrlich erfreut, sie zu sehen. Sie umarmte ihn flüchtig: »Das tue ich auch. Aber ich musste gehen, weil ich dir etwas Wichtiges sagen wollte.«

»So? Na, dann raus mit der Sprache!«

Sie zögerte. »Also, um ehrlich zu sein, ist es etwas kompliziert. Ben, ich möchte, dass du glücklich wirst, mit wem auch immer – weil mir dein Glück am Herzen liegt. Trotzdem ist es so, dass …«

Sie brach mitten im Satz ab, atmete hörbar aus und schluckte noch einmal all ihre Befürchtungen hinunter. Doch Ben war schneller als sie. Er zog sie an sich und küsste sie leidenschaftlich. Leise summten die Glühwürmchen um sie herum, und als sie Luft holen mussten, hauchte Ben ihr ins Ohr:

»Endlich bekomme ich mein Happy End.«

Mona Mour

WINTERBLUES

Wir können keine großen
Dinge vollbringen – nur kleine,
aber die mit großer Liebe.

Mutter Teresa

Sie hasste den Winter, die Kälte, die Dunkelheit, diese Leere nach den Feiertagen. Brummig stapfte sie durch den Schnee nach Hause und zog sich dabei ihren langen roten Schal enger um den Hals. Sie war ein Frühlingsmensch und sehnte sich nach den wärmenden Sonnenstrahlen, den langen Tagen. Als sie um die nächste Straßenecke bog, erblickte sie eine Obdachlose, die mit ihrem Hund an einer Hauswand saß. Die Frau sah abgemagert aus, ihr Gesicht war gezeichnet vom einsamen Leben auf der Straße. Der kleine Mischling auf ihrem Schoß fiepte leise, als das Mädchen mit dem roten Schal vorüberging. Plötzlich schämte sie sich für ihren Missmut. Es ging ihr doch gut. Anders als diesen beiden, die hier auf der Straße frieren mussten. Entschlossen ging sie zurück und beugte sich hinunter zu der Frau.

»Kann ich Ihnen vielleicht helfen? Möchten Sie gerne etwas essen?«

Die Frau blickte verschüchtert auf. Wahrscheinlich konnte sie es kaum glauben, dass ihr jemand seine Aufmerksamkeit schenkte.

»Vielen Dank, ich brauche nichts. Aber meinem kleinen Freund hier geht es nicht gut. Er ist sehr schwach und frisst seit Tagen nichts.«

Das Mädchen mit dem roten Schal streckte vorsichtig die Hand nach dem Hund aus. Er freute sich über die Geste, zitterte aber und seine Nase fühlte sich warm und trocken an.

»Ich glaube, Ihr Hund hat Fieber. Kein Wunder bei dem Wetter. Wie heißt er denn?«

»Das ist Lucky. Wir leben schon viele Jahre zusammen auf der Straße, doch bis jetzt schien es ihm nichts auszumachen«, sagte die Frau traurig.

Das Mädchen kraulte den kleinen Hund nachdenklich am Ohr. An diesem kalten Winterabend sollte niemand alleingelassen werden. Da kam ihr plötzlich eine Idee.

»Wissen Sie, was? In der Nähe gibt es einen Tierarzt! Wir bringen Lucky dorthin und ich übernehme die Kosten für die Behandlung.«

Die Frau konnte ihr Glück kaum fassen. »Das würden Sie für uns tun?«

»Natürlich. Kommen Sie!«

Der Tierarzt stellte bei dem kleinen Hund starken Husten und hohes Fieber fest und wollte ihn zur Beobachtung ein paar Tage bei sich behalten. Luckys Besitzerin war besorgt, willigte aber ein, damit es ihrem kleinen Freund bald wieder besser ginge.

Das Mädchen besuchte die Frau jeden Abend an derselben Straßenecke, brachte ihr etwas zu essen und gemeinsam gingen sie dann nach Lucky sehen. Nach fünf Tagen hatte er sich erholt, und der Tierarzt versicherte den beiden Frauen, dass er wieder nach Hause könne. Die junge Frau bezahlte, wie versprochen, und hatte noch eine Überraschung für Lucky. Sie zog einen kleinen Hundemantel aus ihrer Tasche.

»Der ist für dich, Lucky, damit du in den kalten Winternächten nicht frieren musst.«

Es war schwer zu sagen, wer von den beiden sich mehr freute, der Hund oder seine Besitzerin. »Ich danke Ihnen von Herzen, dass Sie uns geholfen haben. Der Kleine ist doch alles, was ich habe.«

Diese aufrichtige Dankbarkeit rührte die junge Frau sehr, und sie versprach, künftig regelmäßig nach den beiden zu sehen.

Und immer, wenn das Mädchen mit dem roten Schal um die Hausecke bog, kam ihr Lucky schon entgegen und sprang freudig an ihr hoch. Der kleine Hund hatte nicht vergessen, was sie für ihn getan hatte, und ihr wurde jedes Mal ganz warm ums Herz, wenn sie die beiden sah. Der Winterblues und ihre Einsamkeit schienen wie weggeblasen, denn sie hatte nun eine Aufgabe: dafür zu sorgen, dass die beiden Straßenbewohner gut über den Winter kamen.

LIEBE IST DIE STÄRKSTE MACHT DER WELT UND DOCH IST SIE DIE DEMÜTIGSTE, DIE MAN SICH VORSTELLEN KANN.

Mahatma Gandhi

L. T.

IMMER NOCH HERZKLOPFEN

Echte Liebesgeschichten
gehen nie zu Ende.

Marie von Ebner-Eschenbach

Sie kannten sich aus der Schule und hatten sich vor Kurzem in einem angesagten Restaurant zufällig wieder getroffen. Die zwölf Jahre waren an keiner der beiden spurlos vorübergegangen – trotzdem hatten sie sich auf den ersten Blick wiedererkannt.

Nun stand Tine vor dem Spiegel und konnte kaum glauben, dass sie, nach so langer Zeit, von diesem kurzen Zusammentreffen völlig aus der Bahn geworfen worden war.

Sie konnte ebenfalls kaum glauben, dass sie sich auf diese Verabredung eingelassen hatte, und vergaß beinahe ihre Handtasche, als sie mit klopfendem Herzen die Wohnung verließ. Was tat sie da bloß?

Diese Frau, damals noch ein Mädchen, hatte ihr schließlich das Herz gebrochen! Beide hatten sich wieder aufgerappelt und waren über ihren schmerzhaften Zusammenstoß von damals hinweggekommen – sie waren so jung gewesen, ihre Liebe so unschuldig wie ein lauer Spätsommertag und dennoch lebensverändernd. Trotzdem war sie unfähig gewesen, ihr die Bitte nach einem Treffen abzuschlagen, und so fand sie sich an einem verregneten Mittwochabend mit Lena vor der Tür des »Drop in« wieder.

»Schön, dich zu sehen, Tine. Wollen wir reingehen?«

»Klar«, antwortete Tine nur.

Als die Cocktails kamen, klammerten sich beide dankbar an ihre Gläser. Sie sprachen etwas verhalten über ihre Arbeit, Freunde, Familie. Nach ein paar weiteren Drinks begannen beide, sich mehr und mehr zu entspannen, die Unterhaltung wurde persönlicher, leichter.

Und mit einem Schlag war sie wieder da: diese Vertrautheit. Dieses wohlig warme Gefühl im Bauch. Tine war verwirrt, traurig und immer noch rettungslos verliebt.

Da sagte Lena plötzlich: »Du fehlst mir, Kleines. Es vergeht kaum ein Tag, an dem ich nicht an dich denken muss, und ... Na ja, es tut mir alles so schrecklich leid.«

Diese oberflächliche Entschuldigung war zu viel für Tine.

»Mir auch«, schleuderte sie ihr entgegen, knallte das Geld auf den Tisch und stürmte aus der Bar.

Sie setzte ihre Kopfhörer auf, drehte die Musik auf und lief durch den Regen. Wie hatte sie nur so dumm sein können? Was hatte sie sich davon versprochen? Dass sie einander weinend in die Arme fallen und endlich ihr Happy End schreiben würden? Sie hatte definitiv zu viele Liebesromane gelesen, dachte sie, als sie schluchzend an der Haltestelle stand.

Sie schaute auf die Anzeige, der Bus verspätete sich wieder einmal. Niedergeschlagen ließ sie sich auf einen Sitz fallen und starrte vor sich auf den Boden. Noch immer konnte sie sich lebhaft an Lenas weiche Lippen erinnern, an die atemberaubenden Küsse, die sie damals getauscht hatten, an die Schmetterlinge, die sie gespürt hatte.

Aber Lena war damals zu feige gewesen, zu ihrer Liebe zu stehen, und hatte sie abserviert. Jemand trat an die Haltestelle. Tine wischte sich schnell die Tränen von der Wange und damit die alten Erinnerungen beiseite. Erst als die Person sich direkt vor Tine stellte, schaute sie auf und blickte direkt in Lenas smaragdgrüne Augen.

»Weißt du, ich habe dich immer geliebt. Ich war nur zu jung und zu ängstlich, um mir das einzugestehen.«

Tine wollte etwas erwidern, doch Lena zog sie auf die Beine, nahm ihr Gesicht in beide Hände und küsste sie so leidenschaftlich, dass sie nicht anders konnte, als sich ihr hinzugeben. Sie liebte diese Frau. Vollkommen bedingungslos und aus tiefstem Herzen. Sie küssten sich noch immer, als der Bus einfuhr, doch das war nicht mehr wichtig. Tine wollte nicht nach Hause fahren, sie hatte ihr Zuhause gerade gefunden.

DAS **SCHÖNSTE** AN DER LIEBE IST, FÜR JEMANDEN DIE PERFEKTE KLEINE WELT ZU SEIN.

L. T.

SCHLITTERND INS GLÜCK

Liebe ist die Kraft, die die Sonne bewegt und alle anderen Sterne.

Dante Alighieri

Es schneite – zum ersten Mal in diesem Jahr und die Lichter in der Stadt funkelten mit den tanzenden Schneeflocken um die Wette. Marie hatte sich mit Freunden zum Eislaufen im Stadtzentrum verabredet und freute sich schon seit Tagen darauf, auch wenn sie seit Jahren nicht auf Schlittschuhen gestanden hatte. Die vorweihnachtliche Atmosphäre, die die Luft erfüllte, war magisch, und nach zwei Tassen Glühwein fühlte Marie sich gerade mutig genug, um sich aufs Eis zu wagen. Die Stimmung war ausgelassen, aus den Musikboxen kam laute Weihnachtsmusik, und die Freunde drehten wagemutig ein paar Runden, während Marie noch etwas wackelig auf den Beinen war. Sie wusste nicht, ob es am Glühwein lag oder an der fehlenden Routine, aber sie wollte mit ihren Schlittschuhen einfach nicht so recht warm werden. Vorsichtig hangelte sie sich am Rand der Eisbahn entlang. Stück für Stück, die Augen immer nach unten auf ihre Füße gerichtet. Sie achtete gar nicht auf ihre Umgebung, weil sie zu sehr mit Vorwärtskommen beschäftigt war. Ihre Freunde riefen noch nach ihr, aber die Musik war einfach zu laut, und so passierte das Unvermeidliche. Sie fuhr in etwas oder jemanden hinein und landete unsanft rücklings auf dem Eis. Ihre Daunenjacke hatte den Sturz ein wenig abgefedert, aber sie war trotzdem schmerzhaft aufgekommen und hatte sich ganz schön den Kopf gestoßen. Sie lag auf dem Rücken und nahm außer dem Rauschen in ihren Ohren kaum etwas wahr. Ihr war schwindelig und sie musste die Augen für einen Moment schließen.

Als sie die Augen vorsichtig wieder öffnete, sah sie die Umrisse einer großen Gestalt.

Jemand beugte sich über sie und sprach sie an: »Hallo? Geht es Ihnen gut? Können Sie mich hören?«

Die Stimme variierte in Lautstärke und Tonlage und Marie verzog vor Schmerzen leicht das Gesicht. Es dauerte einen Moment, bis sie sich orientieren konnte. Sie blickte in das besorgte Gesicht eines jungen Mannes. Sie hatte sich zwar den Kopf gestoßen und war etwas benommen, aber dass er wunderschöne Augen hatte, entging ihr trotzdem nicht. Eisblau und vor Schreck etwas geweitet.

»Tut mir echt leid, dass ich Sie angefahren habe. Haben Sie sich wehgetan?«, fragte Marie.

»Nein, halb so wild. Wie geht es Ihnen, können Sie aufstehen?«, fragte der Mann.

»Ja, ich denke, das geht.« Marie richtete sich vorsichtig auf und nahm dankbar die ihr angebotene Hand. Als er sie wieder auf die Beine gezogen hatte, grinste er sie an.

»Sie scheinen noch nicht lange Schlittschuh zu laufen.«

Maries Rücken schmerzte, aber sie konnte den Blick kaum von ihm abwenden.

»Na ja, ich bin vielleicht etwas aus der Übung.«

Marie biss sich verlegen auf die Unterlippe. Er hatte nicht nur wunderschöne Augen, sondern auch ein umwerfendes Lächeln. Er hielt immer noch ihre Hand, und als Marie das bemerkte, wurde sie knallrot. Sie hatte außerdem leichtes Herzklopfen, weil ihr dieser Fremde so gut gefiel.

»Ich bin Sebastian. Und wie heißen Sie?«

»Ich heiße Marie«, brachte sie mühsam hervor.

»Freut mich, Sie kennenzulernen«, sagte er. »Darf ich Ihnen vielleicht dabei helfen, wieder etwas Routine zu bekommen?«

Marie nickte lächelnd, und so drehten sie den ganzen Abend gemeinsam ihre Runden über das Eis. Wer hätte gedacht, dass man so leicht in sein Glück schlittern konnte?

L. T.

TÜR AN TÜR

Was zwei Menschen verbindet,
müssen Dritte nicht verstehen.

Er wohnte seit 25 Jahren neben ihr und doch wusste er kaum etwas über diese Frau. Ihr Blicke begegneten sich schüchtern im Fahrstuhl, sie grüßten einander höflich am Briefkasten, mehr aber nicht. Er wusste, dass ihr Mann vor vielen Jahren verstorben war und sie seitdem ganz allein lebte und dass sie Blumen über alles liebte. Jedes Mal, wenn er vom Fenster aus beobachtete, wie sie im Hinterhof die Blumen pflegte, ergriff ihn eine merkwürdige Zärtlichkeit. Mit der schweren Gießkanne in der Hand sah die alte Frau so zerbrechlich aus, wie sie da über den Hof ging, und doch hatte ihr Blick dabei immer etwas Unnachgiebiges.

Jeden Morgen und jeden Abend goss sie ihre Blumen, sprach liebevoll mit ihnen, entfernte Unkraut oder heruntergefallene Blüten. Er bewunderte ihre Hingabe und fragte sich, ob die Blumen wohl das Einzige waren, was sie noch hatte.

Eines Tages aber blieb der Hof leer. Auch am nächsten und übernächsten Tag konnte er die Frau nirgends entdecken. Nach einer Woche begann er, sich ernsthaft Sorgen zu machen, und klingelte an ihrer Tür, aber niemand öffnete. Als er in seine Wohnung zurückkehren wollte, kam eine Nachbarin die Treppe hoch. Sie erzählte ihm, dass die Frau gestürzt und ins Krankenhaus gekommen war. Es stimmte ihn traurig, dass er gar nichts von ihrem Unglück mitbekommen hatte, obwohl sie beide doch Tür an Tür wohnten. Er wollte dieser Frau, die Blumen so sehr liebte, gerne eine Freude machen. Also beschloss er, sich um ihre Lieblinge zu kümmern, bis sie wieder nach Hause käme.

Er goss ihre Blumen mit Hingabe, sprach sogar mit ihnen und gab sich alle Mühe, die Frau so gut es ging zu ersetzen. Mit jedem Tag, der verging, wuchs ihm diese wichtige Aufgabe mehr und mehr ans Herz, und er konnte es kaum erwarten, wie die Frau von nebenan auf seine Überraschung reagieren würde.

Nach einigen Wochen, an einem warmen Sommertag, kam sie schließlich wieder nach Hause. Aufgeregt beobachtete er von seinem Fenster aus, wie sie den Hof überquerte.

Sie hatte deutlich abgebaut, wirkte schwach und gebrechlich, aber als sie die Blumenpracht sah, da lächelte sie und richtete sich ein wenig auf. Der Anblick ihrer Blumen schien ihr Kraft und neuen Lebensmut zu geben. Und als er diese Freude in ihren Augen sah, konnte sich der Mann nicht länger zurückhalten. Er eilte hinunter in den Hof.

»Wie schön, dass Sie wieder da sind. Ich hoffe, es macht Ihnen nichts aus, dass ich mich um Ihre Blumen gekümmert habe.«

Sie wandte sich um. »Sie waren das? Oh, ich habe im Krankenhaus immerzu an meinen schönen Hinterhof gedacht und mich gefragt, ob sich wohl jemand um die Blumen kümmert. Ich danke Ihnen von Herzen, diese Blumen sind meine einzige Freude.«

Er sah in ihren Augen, dass es die Wahrheit war, und wieder überkam ihn eine tiefe Zärtlichkeit. Er hatte die Blumen lieben gelernt und auf unerklärliche Weise auch diese Frau.

So fasste er sich ein Herz. »Wissen Sie, es gibt noch viele andere schöne Dinge in dieser Welt und ich würde sie gerne mit Ihnen zusammen entdecken.«

Die Frau lächelte verlegen, ihre Augen strahlten vor Freude: »Das wäre schön.«

Und so kümmerten sie sich von da an gemeinsam um die Blumen – wenn sie nicht gerade die vielen anderen schönen Momente im Leben miteinander teilten.

LIEBE

IST NICHT ETWAS,
DAS DU FINDEST.
LIEBE
IST ETWAS,
DAS DICH FINDET.

Loretta Young

L. T.

EIN SOMMERABEND FÜRS HERZ

Man muss riskieren zu verlieren,
um zu gewinnen.

Montagmorgen. Der Wecker klingelte und Steffen erhob sich nur lustlos aus dem Bett. »Schon wieder eine neue Woche voller Arbeit und Verpflichtungen«, dachte er, als er aus dem Küchenfenster blickte und schlecht gelaunt an seinem Kaffee nippte. Wie üblich verließ er gehetzt die Wohnung, verpasste seine Bahn und kam missmutig und verspätet in der Arbeit an. Bis zur Mittagspause hatte er so schlechte Laune, dass ihn nicht mal die Ankündigung des bevorstehenden Sommerfests aus seinem Stimmungstief holen konnte.

Gelangweilt blickte er aus dem Fenster.

Da sah er Max, wie er über den Innenhof lief, und unwillkürlich musste er lächeln. Max, aus der Buchhaltung. Er war der einzige Lichtblick an diesem grauen Montag.

Seit einem halben Jahr war Steffen heimlich in Max verliebt und bekam jedes Mal Herzklopfen, wenn er ihm auf dem Flur oder in der Küche begegnete. Die beiden redeten und scherzten seit Monaten miteinander, aber Steffen war sich nicht sicher, ob Max ihn auch so sehr mochte wie er ihn – oder überhaupt mochte. Er schüttelte kurz den Kopf, als ob er so den Gedanken an Max vertreiben könnte, lächelte ein wenig in sich hinein und widmete sich, deutlich besser gelaunt, wieder seiner Arbeit.

Als er am nächsten Morgen ins Büro kam, lag eine mysteriöse Karte mit einem lustigen Spruch auf seinem Schreibtisch. Seine Kollegin Nora schielte ihm neugierig über die Schulter, als er die Karte nahm, umdrehte und flüsternd vorlas: »Hab einen schönen Tag! Nur noch viermal arbeiten, dann wird getanzt.«

Mehr stand nicht auf der Karte. Ohne einen Gruß oder Absender. Steffen freute sich über die Karte, konnte aber nichts damit anfangen.

Wer sollte ihm so etwas schreiben? Nora zog ihn den ganzen Tag mit seinem möglichen heimlichen Verehrer auf und löcherte ihn mit Fragen, die er nicht beantworten konnte.

Am Mittwoch fand Steffen keine Karte auf seinem Schreibtisch und war insgeheim ein wenig enttäuscht darüber, ließ es sich vor Nora aber nicht anmerken.

Dafür lag am Donnerstag wieder eine lustige Karte mit weihnachtlichem Motiv auf dem Tisch, mit nur einer Liedzeile auf der Rückseite: »Last christmas, I gave you my heart ...« Steffen überlegte, was damit gemeint sein konnte, und versuchte, sich an die letzte Weihnachtsfeier zu erinnern. Traditionell trank er immer ein wenig zu viel, und so konnte er sich keinen Reim auf diese Botschaft machen.

Zumindest aber schafften es diese süßen und geheimnisvollen Nachrichten, dass er bei der Arbeit plötzlich extrem gute Laune hatte. Als er aus der Mittagspause zurückkam, fand er sogar eine zweite weihnachtliche Karte auf seinem Platz: »Einmal werden wir noch wach ...«

Steffen konnte auch mit dieser Botschaft wenig anfangen, aber sie machte seinen Tag um einiges besser, und er freute sich sogar auf den nächsten Arbeitstag, weil er auf weitere Nachrichten hoffte.

Am Freitag fand er wieder eine Karte. »Triff mich heute auf der Feier unter dem Mistelzweig, 22 Uhr. Dein Weihnachtself.« Ein Mistelzweig, im Hochsommer? Wo sollte Steffen danach suchen? Und wer sollte dieser Weihnachtself sein und, noch viel wichtiger, wie sollte er ihn finden? Steffen war plötzlich seltsam nervös. Nora machte es auch nicht besser, indem sie den ganzen Tag laut über den mysteriösen Weihnachtselfen nachdachte.

Am Abend auf dem Sommerfest trank Steffen kaum etwas, hörte sich ungeduldig die langweiligen Reden an, quälte sich durch die drei Gänge des erstklassigen, extra für die Feier ausgesuchten und sicher sehr teuren mediterranen Menüs und blickte ständig ungeduldig auf seine Uhr.

Um halb zehn machte er sich schließlich auf die Suche nach dem ominösen Mistelzweig. Er wusste nicht, wo er suchen sollte – es gab keinen Anhaltspunkt. Aber Steffen war optimistisch, so ein Mistelzweig sollte auf einem Sommerfest ja auffallen. Er öffnete wahllos Türen, irrte planlos über die Gänge und durchs Treppenhaus, sogar hinunter in den Keller. Aber vergeblich. Kein Mistelzweig. Nirgendwo.

Um kurz nach zehn trat er genervt und etwas verzweifelt vor die Tür in die laue Sommernacht, er wollte sich noch im Innenhof umsehen, machte sich aber keine großen Hoffnungen.

Doch als Steffens Augen sich an die Dunkelheit gewöhnt hatten, da sah er ihn ganz hinten im Hof stehen: Max. In der Hand hatte er einen Mistelzweig, auf dem Kopf eine Elfenmütze und auf den Lippen ein breites Lächeln.

UM INNEREN

FRIEDEN

ZU FINDEN, BAUE DIR SELBST
EIN NEST MIT SCHÖNEN

GEDANKEN,

IN DEM DU JEDE
NACHT GEBORGENHEIT
FINDEN KANNST.

John Ruskin

SCHLAF GUT!

Es ist nicht immer leicht, abends abzuschalten und den Tag hinter sich zu lassen. Aber es gibt ein paar ganz einfache Dinge, die dir vielleicht beim Einschlafen helfen können. Probiere doch einfach aus, was dir persönlich guttun und helfen könnte.

· Der Duft von ätherischen Ölen wie Lavendel oder Hopfen wirkt beruhigend und kann dir dabei helfen, leichter den Weg ins Reich der Träume zu finden.

· Wer abends falsch und vor allem sehr spät isst, kann nur schwer einschlafen. Nimm lieber Vollkornprodukte als Rohkost oder fettige Speisen zu dir und versuche, weder hungrig noch direkt nach dem Essen ins Bett zu gehen.

· Mach aus deinem Schlafzimmer einen Wohlfühlort, an dem du gerne zur Ruhe kommst. Wähle Naturmaterialien für deine Möbel und die Einrichtung sowie ruhige, pastellige Farbtöne für Wände, Kissen oder Bettbezüge. Ein Teppich, Vorhänge und eine Nachttischlampe mit warmem Licht sorgen für die richtige Wohlfühlatmosphäre.

· Kuschelige Socken verhindern, dass dich kalte Füße lange wach halten, und auch eine Bettdecke, die dich wärmt, aber nicht schwitzen lässt, kann sich positiv auf deinen Schlaf auswirken.

· Ein duftendes Schaumbad am Abend kann dir helfen, dich zu entspannen, und mit einem ätherischen Badezusatz macht es dich angenehm schläfrig.

· Trinke vor dem Schlafengehen ein Glas warme Milch mit Honig oder einen warmen Kakao – das schenkt ein wohlig warmes Gefühl im Bauch und schöne Gedanken.

ABER, VIELLEICHT WIRD AUCH ALLES GUT (AUSZUG)

Lea Melcher

Als ich Jack zum ersten Mal traf, heulte ich auf den Stufen hinter einer Bar, bis meine Zigarette unter einer dicken Träne zischend erlosch. Das mag jetzt vielleicht überraschen, aber ich war nicht immer so eine bemitleidenswerte Gestalt wie heute. Damals war ich sogar die mit dem breitesten Lächeln, das den Gästen im Café das Trinkgeld aus der Tasche zog, sobald sie meine zauberhafte Zahnlücke entdeckten. Aber nicht an diesem Abend. Die Grillen zirpten in die warme Nachtluft, während ich die Seiten meines Manuskriptes zerrupfte, bis alle Wörter einzeln zu Boden segelten.

Jack öffnete die Hintertür der Bar mit einem solchen Schwung, dass mein Wortfetzenhäuflein aufgewirbelt wurde.

»Hey!« Ich vergaß für einen Moment die dunklen Mascaraspuren unter meinen Augen und fuhr zu ihm herum.

Jack starrte mich überrascht an, aber vielleicht konnte er mich auch gar nicht erkennen, weil seine Brillengläser von der feuchten Luft in der Bar immer noch beschlagen waren. Obwohl es ein warmer Sommerabend war, trug er einen Strickpullover.

»Du bist doch die mit der Kurzgeschichte über die Sängerin, die ihr komplettes Vermögen dafür ausgibt, die eigenen Platten zu kaufen, oder?« Er grinste mich an, und ich sah, dass seine Eckzähne spitz zuliefen, er sah ein bisschen aus wie ein Raubtier … oder ein Vampir?

Ich schnaubte und zog an meiner erloschenen Zigarette, bis ich husten musste. »Und du bist der Typ, der sich vor allen über Poetry Slams lustig gemacht hat.«

Um ihn nicht ansehen zu müssen, klaube ich die einzelnen Zettelüberbleibsel auf den Pflastersteinen wieder zusammen. Er war direkt vor mir aufgetreten und hatte die Nerven gehabt, diese komplette Veranstaltung ins Lächerliche zu ziehen. Danach bebte der Laden, teils vor Empörung, teils vor Begeisterung – keine besonders gute Voraussetzung, um anschließend mit einer herzzerreißenden Geschichte wie meiner an den Start zu gehen.

Ich seufzte. »Dieser Buchvertrag heute Abend wäre meine große Chance gewesen«, sagte ich so leise, dass ich hoffte, er hätte mich gar nicht verstanden, aber dann ließ er sich neben mir auf die Stufen fallen und sah mich an. Ich hielt meinen Blick starr nach vorne ins Nichts gerichtet. Zwar winkte dem Gewinner des Poetry Slams nur die Veröffentlichung in einem kleinen Verlag. Aber das hatte in der Vergangenheit schon mehrmals zu etwas Größerem geführt. Außerdem saß mein absolutes Schreibidol, die Autorin Margarete Leopold, in der Jury!

»Also, ich mochte deine Geschichte«, sagte er leise.

Ich sah ihn ungläubig an. »Ist das dein Ernst? Du hast dich über uns alle lustig gemacht …«

Allmählich klarten seine Brillengläser auf, und ich konnte die dunklen Augen dahinter erkennen. Von dem Spott, den er eben noch von der Bühne aus ins Publikum gesprüht hatte, war nichts mehr übrig geblieben. »Kann etwas Lächerliches nicht trotzdem auch Bedeutung haben?«

Ich verengte meine Augen zu Schlitzen. »Willst du es jetzt so darstellen, als hättest du mir mit deinem genialen Beitrag eine neue Perspektive eröffnet?«

Er hob die Schultern. »Immerhin bin ich auch in der ersten Runde rausgeflogen, falls das hilft.«

»Überrascht dich das?«

Er beugte sich nach vorn, sammelte ein paar Wörterfetzen vom Boden auf, legte sie auf die Treppenstufe zwischen seinen Füßen und schob sie kreuz und quer durcheinander. Für einen Moment schwiegen wir. Die Pausenmusik aus der Bar hinter uns verstummte, aber er machte keine Anstalten, wieder nach drinnen zu gehen.

Wortlos rutschte Jack zur Seite und gab den Blick auf seine Zettelanordnung frei.

Verzeihen mir
Einladung zu Milch weit weg von hier?

Unwillkürlich verzogen sich meine Lippen zu einem Lächeln.

»Milch?«

Er hob die Augenbrauen. »Was kann ich denn dafür, dass in deiner Kurzgeschichte weder Gin noch Rhabarberlimo vorkommt?«

»Da ich mir nicht vorstellen kann, dass ich mich jemals von selbst hier wegbewege, werde ich das Angebot annehmen.«

»Zu gütig«, erwiderte er und streckte mir eine Hand hin, um mich hochzuziehen. Ich wischte mir mit dem Ärmel die Schminke von den Wangen.

»Gut so?«, fragte ich ihn.

»Perfekt«, entgegnete er mit einem schiefen Lächeln.

Als ich Stunden später mit Herzklopfen nach Hause lief, sah ich mein Gesicht im ersten Licht des Morgens in einer spiegelnden Fassade. Anders als Jack behauptet hatte, war die Schminke unter meinen Augen immer noch da, ich hatte sie wohl nur noch mehr verschmiert. Aber das war nicht die erste Lüge, die mir Jack an diesem Abend erzählt hatte.

Erst viel später fand ich heraus, dass er es sehr wohl in die nächste Runde des Poetry Slams geschafft hatte und dass die Veranstalter die ganze Bar nach ihm absuchten, während wir den Rhein entlangschlenderten, als hätten wir alle Zeit der Welt. Als ich in den frühen Morgenstunden nach Hause torkelte, betrunken von dieser Begegnung und unserer Nacht in dieser Stadt, war ich mir sicher, dass mein Leben sich grundlegend verändern würde. Ich hatte ihn gefunden.

71

DIE KLEINE SOMMERKÜCHE AM MEER (AUSZUG)

Jenny Colgan

»KOMMT SCHON!«, brüllte Bertie. »Ich fahre jetzt, und zwar sofort!«

Durch die Dreifachverglasung der Fenster in The Rock war das Tosen des Sturms gedämpft worden, doch sobald sie nach draußen traten, traf sie sein Brausen mit voller Wucht. Man konnte nicht sprechen und nichts hören, weil das Donnern der Wellen und das Kreischen des Windes alles verschluckten. Da er die beiden nicht allein aufs Meer hinausschicken wollte, marschierte Colton voran, und Flora hielt sich in seinem Windschatten. Trotzdem geriet sie auf dem Steg plötzlich ins Rutschen. Ehe sie wusste, wie ihr geschah, war mit einem Mal Joel an ihrer Seite, packte sie und hielt sie fest. Atemlos versuchte sie, ihm zu danken, er ließ sie jedoch nicht los und führte sie am Ellbogen zum Boot hinüber. Sein kräftiger Griff hatte etwas Tröstliches an sich.

Die kurze Überfahrt war heftig. Das Boot wurde hochgeschleudert und stürzte dann wieder hinab, musste um jeden Meter kämpfen. Ein ums andere Mal ging der Motor aus, und Bertie bedeutete ihnen mit Gesten, dass sie hinten im Boot mit dem Schöpfen anfangen sollten. Das Salz brannte ihnen in den Augen, Joels Kleidung war völlig durchnässt, und Floras Haare zuckten im Wind wie ein wildes Tier. Auf halbem Wege schaute Joel zu seiner jungen Angestellten hinüber. Sie hatte genau in diesem Moment mit dem Wasserschöpfen aufgehört und reckte kurz den Kopf, um zu sehen, wie weit es noch war.

Mitten in Regen und Gischt sah sie aus wie ein Wesen aus der Tiefe, wie eine Nymphe oder Najade. Als sie seinen Blick bemerkte, dachte sie, dass er vielleicht Angst hatte. »Alles in Ordnung«, log sie. »Ich hab schon viel Schlimmeres erlebt.« Er schüttelte den Kopf und nahm seine Brille ab, durch die er sowieso nicht mehr viel sah. Flora blickte in seine schönen dunkelbraunen Augen, zwang sich dann aber, sich wieder aufs Ufer zu konzentrieren, während Bertie fluchend versuchte, das Wasser aus dem nassen Motor zu bekommen. Als das Boot ernsthaft zu krängen begann und sogar Colton besorgt wirkte, schauten bereits mehrere Leute von ihren Hauseingängen aus zu.

Aber dann erreichte die kleine Gruppe endlich mit klappernden Zähnen und durchweichter Kleidung das Ufer. Die Erleichterung war ihnen deutlich anzusehen. Als Barmann Andy mit Decken für sie alle aus dem Harbour's Rest kam, wickelte sich Flora dankbar in eine davon und nahm danach gerne einen heißen Grog von ihm entgegen.

Andy schob die drei hinein ins Haus. Flora schaute sich verwirrt um, als Unruhe aufkam und lautes Bellen zu hören war. Ein nasser, zotteliger Bramble stürzte sich auf sie, hechelte überglücklich und fiepte vor Aufregung, während Flora auf die Knie sank und das Gesicht in seinem feuchten Fell vergrub. Da draußen auf dem Wasser hatte sie es sich nicht anmerken lassen, aber sie hatte wirklich Angst gehabt.

Sie nahm mal an, dass Joel und Colton gar nicht ahnten, in was für einer Gefahr sie da geschwebt hatten, immerhin sah der Weg nicht weit aus. Auf Mure wusste allerdings jedes Kind um die Risiken. Flora schaute zu Bertie rüber, der bereits einen Grog intus hatte und mit zittrigen Fingern nach dem zweiten griff. Er nickte ihr zu.

»Sonst ist heute aber niemand mehr draußen, oder?«, fragte sie.

Bertie schüttelte den Kopf. »Nein, das war's. Keine Fähre mehr, nichts.«

Joel guckte an sich hinunter. »Himmel«, sagte er, »und ich hab keine trockenen Sachen mehr. Ich hab ja gedacht, dass ich heute Nachmittag wieder zu Hause bin.«

»Nee, keine Fähren oder Flieger«, murmelte Bertie mit seinem starken Akzent, aber Joel verstand die Leute hier inzwischen gut genug. Er nickte und schaute wieder an sich hinunter. Seine teure Hose war klitschnass.

»Ah«, machte er.

»Ich könnte Ihnen was leihen«, sagte Colton. »Aber dafür müssten wir erst wieder zu mir zurück. Außerdem funktioniert bei Stromausfall ja auch mein elektronischer Kleiderschrank nicht.«

»Colton!«, rief Flora kopfschüttelnd, fing dann aber an zu kichern, wohl vor allem vor Erleichterung.

Wie als Antwort prasselte nun der Regen heftig gegen die Fensterscheiben des Pubs. Oder genauer gesagt war nicht alles davon Regen, inzwischen schwappten auch einige Wellen bis über die Hafenmauer und schlugen gegen das Glas.

»Vielleicht später«, murmelte Colton.

»Ich hab da was«, sagte der Barkeeper, verschwand in einem Hinterzimmer und kam mit einem riesigen Arbeitsoverall zurück.

Colton und Joel starrten einander an.

»Die Ehre gebührt natürlich Ihnen als meinem Klienten«, sagte Joel schließlich.

»Und was machen Sie dann?«, fragte Colton.

»Ich muss langsam los«, sagte Flora, obwohl sie die gemütliche Kneipe wirklich ungern verlassen wollte. Allmählich wurde es voll, weil immer mehr Leute Unterschlupf vor dem Sturm suchten und sich überlegten, dass sie dann ja genauso gut hier ein Gläschen trinken konnten. Die Fenster begannen zu beschlagen.

»Ich kann Ihnen was von meinen Brüdern mitbringen, wenn Sie wollen«, schlug sie vor. »Keinen Kilt«, fügte sie noch hinzu. Hin- und hergerissen schaute sich Joel im Raum um. Dann blickte er Flora an, deren Haar sich an ihren Hals schmiegte und deren Augen aussahen wie vorbeiziehende Wolken.

»Okay«, stimmte er schließlich zu.

Bramble begleitete Flora fröhlich zum Ausgang, wich jedoch zurück, als sie die Tür aufmachte und ihnen der Wind mit gefühlten zweihundert Kilometern pro Stunde entgegenschlug.

»Na komm, mein Kleiner«, sagte sie zu ihm und senkte ein wenig den Kopf. »Das kriegen wir schon hin.«

»Sind Sie sicher?«, fragte Colton. »Da draußen holen Sie sich noch den Tod.«

Sie drehte sich zu ihm um und schüttelte den Kopf. »Das geht schon, schließlich bin ich hier zu Hause.«

Dann schob sie sich hinaus in den Wind und verschwand inmitten von Gischt und aufgewühltem Himmel, als wäre sie ein Teil davon.

Joel stand da und starrte die geschlossene Tür an, während Colton ihn beobachtete.

»Ich würde ihr ja hinterhergehen«, sagte er. »Das ist kein professioneller Rat. Diese verdammten MacKenzies ...«

Aber Joel hörte ihn nicht einmal. Alles in ihm riet ihm hierzubleiben, sich in sich selbst zurückzuziehen, es also genau so zu machen wie immer. Der Wind rüttelte an der Tür, und draußen wartete ein weißer Strudel, ein Geheimnis, ein reiner, perfekter Sturm. Joel zögerte.

Colton hatte sich längst abgewendet, und niemand schenkte Joel noch Beachtung in der Kneipe, die sich inzwischen mit Ortsansässigen gefüllt hatte.

Er war fünfunddreißig Jahre alt. Plötzlich kam ihm wieder in den Sinn, wie er am Strand beinahe hinter Flora hergelaufen wäre, wie er sie bei ihrem Auftritt am liebsten aus der tanzenden Gruppe gezogen hätte.

Er dachte an all das, was er zu verlieren hatte, daran, wie kompliziert das Leben war. Allerdings empfand er die Dinge hier oben als weitaus einfacher. Er wollte … tja, was wollte er eigentlich?

Er wollte nach Hause, dabei wusste er gar nicht, wo das überhaupt war. Ein letztes Mal schaute er sich in der Kneipe um, dann stürzte er zur Tür hinaus.

»Warte!«, rief er. »Warte, Flora, ich komme mit. Warte auf mich!«

Der Wind verschlug Joel den Atem. Es war kaum zu glauben, dass er sich hier immer noch im milden, feuchten, grauen Großbritannien befand. Es war wie eine Ohrfeige. »FLORA!« Die Böen rissen seinen Ruf davon. Suchend starrte er in den Regen hinaus und entdeckte gerade noch Brambles wedelnden Schwanz, der just in diesem Moment auf dem Pfad weiter oben am Ende des Hafens verschwand.

»Warte!«

Als Joel Flora hinterherrannte und dabei mit seinen teuren Schuhen durch Pfützen platschte, waren die Kälte und das schlechte Wetter auf einmal vergessen.

Die Brille auf seiner Nase wurde wieder einmal nutzlos, sodass er sie irgendwann abnahm und sich in die Tasche steckte. Nun war die Welt noch verschwommener und undefinierter als vorher, eine Welt, in der Himmel und Meer völlig ineinander übergingen. Vielleicht waren sie ja immer schon eine Einheit gewesen. Jetzt deutete jedenfalls nichts weiter als eine kaum erkennbare Linie am Horizont darauf hin, wo das eine anfing und das andere aufhörte.

Irgendwann konnte sich Joel endlich Gehör verschaffen, und Flora drehte sich mit fliegendem hellem Haar zu ihm um. Er sah den verdutzten Ausdruck auf ihrem Gesicht, als er sie erreichte.

Und dann stand er ganz zerzaust und abgerissen vor ihr, komplett anders als sein normales beherrschtes, organisiertes, kontrolliertes Ich. Die Haare klebten ihm am Kopf, Wasser lief ihm in den Kragen, und sein Hemd war komplett durchsichtig. Und deshalb konnte Flora einfach nicht anders: Sie brach in schallendes Gelächter aus. Joel schaute zum Himmel hoch und dachte an all die Arbeit, die er noch erledigen musste. Er war wirklich im Verzug und verlor gerade jede Menge Zeit, die er sonst seinen Klienten in Rechnung gestellt hätte.

Lauter groteske Umstände hatten ihn in diese Situation gebracht, und er fragte sich, ob er auch nur die leiseste Ahnung davon hatte, worauf er sich gerade einließ.

Nein, musste er sich eingestehen. Und dann merkte er, dass er auch lachte. Er konnte sich nicht daran erinnern, wann er zum letzten Mal gelacht hatte. Vielleicht hatte er das auch noch nie zuvor getan.
Vor lauter Prusten war Flora ganz außer Atem, trotzdem rannte sie einfach weiter durch Wind und Regen, während Bramble mit fröhlichem Bellen begeistert in Pfützen sprang.

Flora sank gegen die schwere alte Holztür des Bauernhauses und keuchte atemlos von der Anstrengung, dem Sturm und dem Gelächter. Joel traf nur einen Augenblick später ein. Flora musste immer noch kichern, weil sie, klatschnass wie sie waren, so furchtbar albern aussahen, aber Joel stürzte sich einfach auf ihre lachenden Lippen und küsste sie heftig, leidenschaftlich wie ein Rasender. Sie küsste mit derselben Inbrunst zurück, bis keiner von ihnen mehr Luft bekam, bis kein Atemzug mehr in ihnen steckte.

LIEBE
IST DER GRUND
DER MÖGLICHKEIT DER
MAGIE.

Novalis

... noch mehr Freude ... ♥

mit Geschenkbüchern, die glücklich machen:
www.arsedition.de

Glück im Postfach: der Newsletter von arsEdition!
Abonnieren unter **www.arsedition.de/newsletter**

Wir danken folgenden Verlagen und Autorinnen und Übersetzerinnen für die Abdruck- genehmigungen:

Seite 68 bis 71: Lea Melcher: „Aber vielleicht wird auch alles gut".
© 2021 Piper Verlag GmbH, München

Seite 72 bis 78: Jenny Colgan: „Die kleine Sommerküche am Meer". Übersetzt von Sonja Hagemann © 2018 Piper Verlag GmbH, München

Coverillustration: Petra Braun Illustration
Covergestaltung: Grafisches Atelier, arsEdition GmbH
Grafische Gestaltung Innenteil: Nina Giglberger
Bildnachweis: Hintergründe: Nadia Grapes / Shutterstock.com; Tayka_ya / Shutterstock.com; Angelina Bambina / Shutterstock.com; GoodStudio / Shutterstock.com; Vignetten: Saibarakova Ilona / Shutterstock.com

ISBN 978-3-8458-4750-4

www.arsedition.de

MIX
Papier aus verantwor-
tungsvollen Quellen
FSC® C002795